Jetzt mach
hier nicht
so ne Welle!

Bibliografische Information der Deutschen Nationalbibliothek.
Die Deutsche Nationalbibliothek verzeichnet diese Publikation in der Deutschen Nationalbibliografie;
Detaillierte bibliografische Daten sind im Internet über http://dnb.dnb.de abrufbar.

IMPRESSUM

Redaktion: Lektorat Hille & Schäfer, Freiburg
Gestaltung: pohl & rick Grafikdesign, Düsseldorf
Autorenfoto: Viktoria Steinbiß-Gaymann, Köln
Reproduktionen: Digital Data Service Lenhard, Stuttgart
Gesamtherstellung: Print Consult, München

ISBN: 978-3-7630-2794-1

MIX
Papier aus verantwortungsvollen Quellen
FSC® C084279

Peter Gaymann

Typisch Urlaub

Die schönste Zeit des Jahres?

belser

URLAUBSREIF:
LOSFAHREN UND ANKOMMEN

Also, zwei Wochen Hotel im August, Flug hin und zurück plus Mietwagen kosten uns 3249 Euro.
O.K. Ich hab 500.
P. GAY

ALLE FLÜGE
VERSPÄTET
Das ist dein ganzes Gepäck?
Wir sind doch bloß 3 Wochen weg.
P. GAY

Ach du lieber Gott – das soll ne Bikini-Figur sein ??
NEIN

Zum Glück mal kein Stau.

EXPRESS
T. GAY

Laut meinem Navi müsste das hier unser Hotel sein!
Vielleicht darf mein Navi jetzt auch mal was sagen!!!
T. GAY

ISCHIA
Papa versucht wieder, die letzte Fähre zu kriegen
Das kann auch mal schiefgehen.
P. GAY

Gibts hier viele Moskitos?
Ist all inclusive!
TAUCH-KURS
SOLE
SAILING
P. GAY

Ich werd mich gleich mal beschweren. Dieses Hotelzimmer riecht sehr streng.
Das sind deine Socken Jochen.
ITALIA
P. GAY

Immerhin können wir behaupten, dass wir vor 40 Jahren die ersten waren, die hier gebaut haben.
BANCA
MAJÄSTIC
EXCELSIOR
ALBERGO IL SOLE
RISTORANTE
T. GAY

Warum bist du denn so mies drauf ??
Hab ne Urlaubsun-verträglichkeit
T. GAY

SCHÖNE FERIEN ?
PAARE UND FAMILIE

Ist das nicht irre? Vor nicht mal 24 Stunden saßen wir noch in Hamburg vor unseren Computern.
P. GAY

CAFE
SEIT 1868
Das wird ja noch ein ziemlich teurer Urlaub.
Wieso? Die Flüge waren doch billig.
VERSACE
MODA
ARMANI
P. GAY

KLAR ZUR WENDE!
Nicht in diesem Ton!
P. GAY

ALBERGO
SOLE
BAR
Scarpe
SCHUHE
Sag doch mal was!
Es regnet.
T. GAY

ALBERGO
Du und deine Wetter-App!
Du und deine Nachsaison!
P. GAY

Kinder, freut euch. Diesen Sommer fahren wir nach Andalusien
GIBTS DA W-LAN ??
P. GAY

In den Wochen vor dem Urlaub war mein Mann so was von gestresst.

Ich will alles wissen über dich!
Ich liebe die Berge.
P. Gaymann

Weiß einer von euch, was Kondome auf Italienisch heißt?
T. GAY

Also Kinder: Ihr müsst da lang. Wir sehen uns dann wieder beim Auschecken in zwei Wochen …
KINDER-BETREUUNG
POOL BAR SAUNA
REZEPTION
RELAX
P. GAY

NEIN LEO... ERST DAS EIS ESSEN !! DANN SPRINGEN ! LEO ! BITTE !
COCKTAIL
BAR
BAR
LIDO
P. GAY

Zwei Wochen im
PIEMONT
- Vorher -
P. GAY
- Nachher -

Hört ihr
auch den
Kuckuck?
'00
T. GAY

Der Cocktail ist zu süß ... .. und jetzt geht auch noch die Sonne unter
Nächstes Mal fahr ich wieder mit meiner Frau.
T. GAY

Wann hatten wir eigentlich zum letzten mal Sex?
Ich glaub, auch mal im Urlaub.
Aaah... aah... stööhn... oh jaaa... oooh.. jaaa.. ja komm schon... stööööhn...
BAR
P. GAY

Nachsaison
Meine letzte Liebe dauerte nur einen Sommer lang.
Italienischer oder deutscher Sommer?
T. GAY

Nicht nur Faulenzen:
Sport und Kultur

Volleyball:
Ein Spiel, das wir nicht oft spielten.

Soll ich nicht mit auf's Foto?
Nein, das hier wird ein Kunstfoto.
P. GAY

Die habe
ich gestern
am Strand
gesehen.
T. GAY

Ich schenk dir ein Kleid oder ein Paar schöne Schuhe!
ICH WILL ABER DIESEN GROSSEN TERRACOTTA-TOPF!!
%
T. GAY

Die treffen wir nachher alle wieder in der Sauna.
Ich hasse Wellness-Urlaub

Als erstes fällt Ihnen sicher die geniale Akustik auf …
.. und als Zweites, dass es hier nix zu trinken gibt!
P. GAY

mpf!!!örrgm
pffemplompf…
grmf!!!schluf!
Er will uns was sagen
FISCH? GROSSER FISCH?
P. GAY

Na wie wär's mit euch beiden? – Ich hab noch zwei Plätze frei im FLAMENCO-KURS..
HOTEL
CLUB
P. GAY

Und eins…
Und zwei…
Claudia, das Höckerchen bleibt morgen im Bungalow!
Ich auch!
P. GAY

Da scheint sich ja einiges verändert zu haben.
P. GAY

Das da hinten müsste Sacre Coeur sein…
… oder der Petersdom
P. GAY

Wie lang dauert denn in der Regel so ne Pilz-Saison?
P. GAY

Scheiße
jetzt ist auch
noch der
Geldbeutel
weg.
T. GAY

IMMER MIT MEERESBLICK: KREUZFAHRER UND STRANDHOCKER

Komm doch auch mal ins Wasser.
Nur noch 400 Seiten.
P. GAY

HOTEL
AUBERGE
BAR & CAFE
UWE???!
Uwe macht Urlaub
T. GAY

SPICCHI
T.GAY

P. GAY

Nur du und ich!
... und 4000 andere

Wenn der glaubt, er könnte hier vor unserer Nase parken, dann lass ich den abschleppen.

T. GAY

Da hat tatsächlich einer den Krabbensalat mit seinem Badetuch reserviert!
PFOTEN WEG!!
P. GAY

P. GAY

„Wir befinden uns jetzt auf einer der wenigen Inseln, die bislang vom Massentourismus völlig verschont worden ist."

Papa?
Ist unterwegs stecken geblieben
Hat wieder zugenommen im Urlaub.
P. GAY

Mama, Papa...
Guckt mal meine
tolle Sandburg
P. GAY

Ist das jetzt eigentlich der Sonnenaufgang oder der Sonnenuntergang?
Keine Ahnung. Ich blick langsam auch nicht mehr durch.
P. GAY

DELFINE!
Champagner wäre mir lieber
T. GAY

Das Paddel lässte
einfach da. –
Das macht's
einfacher.

16^{00} – 17^{30}
PADDEL-
BOARD-
YOGA
JEDER IST
WILLKOMMEN
T. GAY

STELLA MARE...
Mama, guck mal FLASCHENPOST!
Lass das liegen. - Ist sicher nur WERBUNG!
P. GAY

In einer halben Stunde müssen wir uns wieder umziehen zum Abendessen.
Nix als Stress.
P. GAY

Stell dir vor, du wärst jetzt in der Türkei. Was da alles passieren könnte.
P. GAY

VITA

Urlaub – das ist die schönste Zeit des Jahres. Sagen uns die Reiseveranstalter, suggerieren uns die Hochglanzseiten der Hotelprospekte und der Nachbar meint das auch.

Schön wär's. Klappt manchmal ... aber nicht immer. Was man sich so alles vornimmt, ist ja schon beachtlich: Alles soll Spaß machen, alle haben beste Laune, kein Stau, keine Verspätungen, das Essen hervorragend, die Preise moderat und kein Tropfen Regen.

Nur stahlblauer Himmel vom ersten bis zum letzten Ferientag. Und Meerblick von morgens bis abends.

Und dann? Wir wissen genau, was dann kommt: Beim Hinflug hat das Gepäck Übergewicht und beim Rückflug haben wir Übergewicht. Obwohl das Essen nur mittelmäßig war und wir dreimal im Yogakurs waren. Und das Hotel? Lesen Sie mal die Bewertung, die ich denen geschrieben habe. Und die Kinder: Haben sich natürlich nicht eingecremt und an die Begegnung mit der Feuerqualle mag ich gar nicht denken. Wo war eigentlich mein Mann, als das passiert ist? Hat sicher seine E-Mails beantwortet.

Einem Cartoonzeichner kann so was alles nicht passieren? Zweimal denkste: Als ich zu meinem Geburtstag mit meiner Frau nach Rom fliegen wollte, haben wir die Abflugzeit mit der Ankunftszeit verwechselt. Schon mal blöd. Und man ist auch noch selber schuld.

Wir haben dann an diesem Abend in Köln bei unserem Lieblingsitaliener zu Abend gegessen. War alles perfetto ... Nach Rom sind wir am nächsten Morgen geflogen. War dann auch perfekt. Fast! ... 35 Grad und kein Ventilator im Zimmer. Dafür jede Menge Mücken. Aber das ist eine andere Geschichte.

Was war denn Ihr schönstes Ferienerlebnis?

Peter Gaymann

Peter Gaymann, geb. 1950 in Freiburg im Breisgau, gehört zu den erfolgreichsten und beliebtesten Cartoonisten in Deutschland. Nach seinem Studium der Sozialpädagogik machte er sich 1976 als humoristischer Zeichner selbstständig. Seitdem wurden rund 75 Bücher von und mit ihm veröffentlicht, viele davon wurden Bestseller. Am bekanntesten sind seine lebendigen, dem Menschen so herzlich verbundenen Hühner. Mit dem Kürzel P. GAY sind sie in Zeitschriften und Zeitungen, auf Postkarten, Kalendern, Postern und Radierungen zu seinem Markenzeichen geworden.

2015 erschien im Belser Verlag „Typisch Badisch – von Titisee bis Tuniberg"
2016 „Typisch Italienisch – von Bozen bis Palermo"